L'UNION LIBÉRALE

QUAND MÊME

IMPERIAL
TIMBRE

EXTRAORDINAIRE
VAUCLUSE
TIMBRE

L'UNION LIBÉRALE

QUAND MÊME

PAR

HENRY DE VALORI.

—

PARIS

J. DENTU, LIBRAIRE-ÉDITEUR,

PLACE ROYALE, 13, GALERIE D'ORLÉANS.

1868

—

L'UNION LIBÉRALE

QUAND MÊME.

Il y a cinq ans, avec le concours de quelques hommes pratiques, nous faisions appel au bon sens des partis opposés au régime de l'arbitraire : un programme de grande, de sage politique était tracé : *L'union libérale !*

Nous leur avions dit : « Vous voulez comme nous la liberté complète du vote ; réunissons-nous. Séparés, nous sommes pour ainsi dire frappés d'impuissance ; réunis, la victoire nous est assurée. Seulement, soyons loyaux et francs à l'égard les uns des autres. Qui fait des dupes finit par être dupe à son tour. L'histoire de 1830, celle de 1848, comme celle de 1852, sont trop récentes pour que vous puissiez les avoir oubliées. Quand l'un de vous aura des chances au scrutin, nous nous effacerons pour le soutenir énergiquement, faites de même : le triomphe est à ce prix ! »

Les actes suivirent de près les paroles. A ceux qui ne croyaient pas, Marseille répondit en proclamant, le même jour, les noms de Berryer, de Thiers, de Marie. Fait grave, résultat qui à lui seul suffirait pour donner raison à la politique que nous défendons.

L'union libérale est une nécessité ; il faut cette union pour réparer le temps perdu, pour reconquérir nos libertés politiques, pour rompre cette majorité parlementaire à laquelle nous devons :

— Des milliards d'impôts, des emprunts sans cesse renouvelés ;

La loi de sûreté générale ;

L'unité italienne et l'unité allemande ;

La violation de nos engagements en faveur du Danemark ;

L'anéantissement de la Pologne après l'avoir encouragée ;

Un système d'administration en Algérie qui amènera la ruine de la colonie ;

Le drame de Queretaro faisant pendant à celui de Castelfidardo ;

Enfin, comme bouquet à ce feu d'artifice politique tiré par Messieurs les députés de la majorité, la loi militaire avec douze cent mille hommes sous les armes, mais en revanche pas un allié sur lequel on puisse compter :

La lutte est prochaine. Nous allons nous trouver en présence de ceux qui sont en extase devant le régime de l'arbitraire ; de ceux qui, au lieu de développer l'esprit de la Constitution en s'appuyant sur la lettre, lui voudraient des baillons et des entraves ; de ceux qui préfèrent tenir leurs mandats des maires, des sergents de ville, des gardes champêtres, que de l'expression indépendante de leurs concitoyens, du suffrage honoré des populations qui ont conscience de la dignité d'homme.

Nous qui aimons notre pays, qui le voulons grand entre tous, riche, prospère — et c'est pour cela que nous sommes de l'opposition —, soyons vigilants, attentifs ; ne nous laissons pas sur-

prendre par les événements, ni ébranler par les esprits étroits.
Tant pis pour ceux qui ne comprennent pas que hors de l'union
libérale, il n'y a pas de salut pour les libertés de la France ;
tant pis pour le gouvernement qui a besoin d'être protégé contre les flatteurs, qui sera entraîné sur la pente d'un césarisme
fatal, si à la prochaine session il trouve encore devant lui cette
Chambre que nous appellerons :

LA CHAMBRE INCROYABLE.

I

Et ce nom lui restera. Car nos arrière-petit-neveux ne
pourront croire :

Qu'après avoir fait la guerre de Crimée pour diminuer la
puissance de la Russie ; elle ait pu, en dix ans : atteindre à l'orient
les possessions anglaises de l'Inde ; à l'occident, supprimer la
Pologne en répondant à nos observations par les notes insolen-
tes du prince Gortschakof ; au sud, surexciter les populations
grecques ; et enfin, dans le Nouveau-Monde, conclure avec les
États-Unis une alliance qui est le plus grand danger qu'ait
couru le monde depuis l'invasion des Turcs ;

Ils ne pourront croire :

Que renversant les traditions de la politique française, les
principes élémentaires du bon sens politique ; ne tenant compte
ni des enseignements du passé, ni des tentatives avortées, on
ait applaudi à la guerre d'Italie, à l'unité italienne, à la créa-
tion d'un État de 25 millions d'habitants ; qu'on ait pu enfin
consentir à l'ébauche de l'Italie ; sans songer qu'en sacrifiant

les intérêts de la Papauté, en consentant au démembrement des provinces de l'Église, on renonçait à cette prépondérance catholique, héritage incomparable de Pépin, de Charlemagne, seul et glorieux contre-poids que nous puissions opposer aux pontificats en épaulettes et en cotillons du czar, du roi de Prusse et de la Reine de la Grande-Bretagne.

Ils ne pourront croire :

Qu'on ait entrepris l'expédition du Mexique sans reconnaître auparavant les confédérés du Sud ; qu'après le discours prononcé par le général Prim aux Cortès, on lui ait confié le commandement de cette expédition où il a trahi sa souveraine, l'Espagne et la France, le jour où il a rengaîné cette plaisante lame de Tolède qui fit mourir de peur l'honorable M. Billault ; mais surtout qu'on ait rappelé nos troupes sur un geste des États-Unis, et qu'on ait abandonné aux balles des assassins, un héros, un martyr que nous avions porté, presque malgré lui, sur le trône de Montézuma.

Quand les avocats de la couronne rappelaient maladroitement le Coup-d'État, l'opposition en masse s'écriait : « Ne parlez pas du Deux-Décembre ! » L'opposition pourra ajouter à son répertoire d'interruptions celle-ci : « Ne parlez pas du Mexique ! » Du reste, nous pensons que le gouvernement n'aura jamais l'envie d'en parler.

Ils ne pourront croire :

Que le roi Guillaume ait pu, en huit jours, supprimer la Confédération germanique, chasser l'Autriche de l'Italie et de l'Allemagne, doubler ses États héréditaires, sans que la France se fût réservée une carte dans cette sanglante partie où M. de Bismark avait pris tous les atouts.

Ils ne pourront croire :

Qu'en France, au sein d'une société fille de 1789, dans un pays qui a fait tant de révolutions pour la liberté, la majorité ait eu le triste courage de voter cette loi de sûreté générale, au moyen de laquelle les français peuvent être instantanément arrachés à la protection naturelle et si nécessaire des tribunaux, pour être livrés à la discrétion d'un pouvoir qui s'arroge le droit d'être à la fois juge et partie;

Qu'enfin, au lieu de maintenir la grandeur du pays par la bonté des alliances, la sagesse, la prévoyance de la politique, on ait mis sur pied douze cent mille hommes; multitude armée plutôt pour l'attaque que pour la défense, multitude que l'on arrache à l'industrie en souffrance, grâce au libre échange, à l'agriculture dans une détresse sans pareille.

Ils ne pourront croire :

Que ces législateurs complaisants n'aient pas eu le courage de rappeler au gouvernement : que les nations ont été à l'apogée de leur puissance lorsqu'elles n'entretenaient que des armées peu nombreuses; qu'Alexandre et César ont conquis le monde avec quelques légions; que Turenne et Condé ont fait la France de Louis XIV avec moins de cent mille hommes; que Bonaparte avait une armée peu nombreuse quand il gagnait les victoires de Rivoli et de Marengo, et que, le million d'hommes qu'il a *consommé* plus tard, pour nous servir de son effroyable et cynique expression, n'a pu lui épargner la Bérésina, Baylen, Waterloo, n'a pu sauver la France de l'invasion, n'a pu lui conserver les frontières du grand roi, le complément de cet empire incomparable des Bourbons auquel Louis XV ajouta la Corse, et Charles X, cette Algérie, où la colonie française expirante proteste de toute son énergie contre l'utopie du royaume arabe, utopie où l'on a pu être de bonne foi, mais où l'on s'est trompé radicalement.

Oui, quand on racontera cela à nos descendants, en ajoutant à tous les hauts faits de nos députés l'accroissement des impôts, la multiplicité des emprunts, les démolitions de Paris, ces démolitions sans limites, expédient économique au moyen duquel on espère gagner du temps et occuper les ouvriers, mais surtout ce replâtrage à neuf de Babylone, sous la direction de M. Haussmann, et non sans le concours immaculé des trois Péreire, ces dignes représentants de la France catholique, libérale et industrielle, ils ne pourront le croire. Ils admireront cependant la façade de l'École des Beaux-Arts, le panorama dont on jouit des hauteurs du Trocadéro ; et en s'arrêtant devant la nouvelle Académie de musique dont la tête ressemble à un Casino, et la queue à l'Hospice des aliénés, ils s'écrieront : « Voilà qui est réussi, l'empereur n'avait-il pas désiré que l'Hôtel-Dieu fût terminé en même temps que l'Opéra ! »

II

Nous avons dit qu'il y avait dans l'opposition des dissidents à l'union libérale : leurs principaux organes sont le *Siècle,* l'*Univers.* Nous connaissons la tactique de M. Havin : elle ne nous surprend pas. En ce qui concerne l'*Univers*, notre étonnement n'a pas de bornes. Il ne nous sera pas difficile de réfuter catégoriquement les objections faites par le journal de M. Louis Veuillot. C'est à nos amis que nous devons surtout la vérité.

C'est ici le lieu de bien préciser notre programme.

Nous disons à tout électeur que nous rencontrons :

— « Votez pour l'opposition, toujours pour l'opposition. Que cette opposition soit légitimiste, orléaniste, seulement cléricale, républicaine, et même républicaine avancée, votez, votez quand même. Vous n'avez qu'à vous assurer de l'indépendance du candidat et de ses chances de succès. Dans tous les cas, au second tour de scrutin, ralliez-vous au candidat opposant qui réunit le plus de voix. »

— « Quoi! répond l'*Univers*, vous voterez pour un candidat qui pactise avec Garibaldi, avec les ennemis du Pape, avec les libres-penseurs, etc ? »

Eh! mon Dieu, oui; pour quatre motifs bien simples : le premier, c'est que si les démocrates loyaux, sincères, avaient tenu le même langage, MM. Berryer et Thiers ne seraient pas aujourd'hui députés; nous ne pensons pas que M. Louis Veuillot ait eu à regretter leur présence à la Chambre; le second, c'est la nécessité absolue; car depuis cinq ans nul n'a pu l'emporter qu'au moyen de cette combinaison; le troisième, c'est que, assurément, il y a un plus grand danger pour la papauté, la religion, la moralité et l'éducation religieuse du peuple français, d'abandonner un gouvernement à lui-même, en ne le modérant pas par un contrôle utile où il peut seul trouver la force et la justice, que dans la présence au Corps législatif d'une fraction démocratique plus ou moins grande; le quatrième, c'est que ce n'est pas le nombre, mais l'autorité du talent, la grandeur des principes que l'on défend, leur vérité au point de vue des intérêts de la France qui constituent la puissance d'une opposition. Thiers et Berryer, à eux seuls, l'ont emporté sur la majorité hésitante et la minorité démocratique, quand le sort de Rome a été agité d'une manière si solennelle. Les Cinq de la gauche, de leur côté, n'ont-ils pas combattu vaillamment pour nos libertés publiques, presque seuls contre une majorité écrasante ?

L'*Univers*, enthousiasmé par le vote du 5 décembre, peut se reprendre à rêver sur la route des illusions; nous lui rappellerons que ces députés électrisés par la victoire de Mentana et se sentant d'autant plus courageux que la présence de notre drapeau indiquait une noble complicité avec les zouaves de Pie IX, ces députés, disons-nous, se croyant émancipés, eurent une belle page : nous ne chercherons pas à l'amoindrir. Il n'en est pas moins vrai que, huit jours plus tard, Garibaldi serait entré à Rome de connivence avec le cabinet de Florence, qui jouait le cabinet des Tuileries. Il n'en est pas moins vrai que ces députés ont voté la Convention de septembre, qui est la mère de Mentana et de l'invasion garibaldienne ; qu'ils ont trouvé tout naturel l'invasion des Marches et de l'Ombrie, tout naturel que nos frères aient été assassinés à Castelfidardo sans que M. de Goyon ait envoyé un soldat au secours de ceux qui mouraient martyrs de la cause pour laquelle il commandait à Rome. Qu'au fond du cœur ils aient flétri les nouveaux vandales, nous aimons à le croire ; ils n'en ont pas moins accordé au gouvernement un vote de confiance.

Pour trouver d'aussi mauvais jours à la Papauté, il faudrait remonter à Savone, à Fontainebleau. Et alors, quel bénéfice trouvez-vous à diviser l'opposition ? Quelle garantie vous donnet-on ? On vous promettra de voter pour le pape..... il y a dix ans qu'on vous répète sur tous les tons, que l'intérêt du Saint-Père est celui qui préside aux actes de la politique française. Cependant M. Louis Veuillot se déclare-t-il satisfait, nous ne le pensons pas. Or donc, là où il n'y a pas de confiance, il ne saurait y avoir une garantie suffisante.

Quant à nous, notre incrédulité et notre défiance sont extrêmes, nous l'avouons. Ce que nous redoutons le plus, c'est l'obscurité, c'est la politique des incertitudes, des tâtonnements et des réticences.

Ce démocrate que nous envoyons à la Chambre, parce que, le cas échéant, ses coréligionnaires y enverront un des nôtres, nous savons ce qu'il peut, ce qu'il veut, où il va ; s'il y a danger, ce n'est pas un danger nocturne; c'est en plein jour. Nous sommes peut-être naïfs avec les Berryer, les Thiers, les Dufaure, les Guizot, les Falloux et les Montalembert. Quelque dangereuse que puisse être, à un jour donné, la présence aux affaires d'un grand nombre de républicains, ce péril sera toujours moins grand que celui que vous créez en ne combattant pas une politique qui tend fatalement au césarisme, pour faite de l'édifice, et au socialisme, pour base. Rien n'est plus dangereux dans les assemblées parlementaires, que les indifférents et les ineptes. Il y a toujours une certaine sécurité avec les hommes de talent, d'intelligence et de foi. Qui a mieux flétri les spoliations du Piémont que Proudhon? Il arrive une heure, où, à quelque parti que l'on appartienne, le génie éclaire le cœur et dirige la raison.

Nous savons que la vieille tactique des gouvernements, en présence des coalitions, est de nous menacer du fameux spectre rouge.

Les enfants n'y croient plus et les vieillards à peine.

Le spectre rouge, c'est le crime, quel que soit le parti deshonoré par les sicaires.

Cependant, si on allait se promener, le soir, dans les fossés de Vincennes, on pourrait peut-être l'apercevoir attachant une lanterne sur le cœur du dernier des Condés, afin que les assassins ne puissent le manquer.

On pourrait encore le rencontrer sur ces champs de bataille, vastes ossuaires, où un million de Français sont morts pour satisfaire à l'ambition insensée de celui qui, avec la redingote grise, comme il l'a dit lui-même, promenait la Révolution dans toute l'Europe, et voulait faire fouetter l'Océan, parce qu'il baignait les côtes d'Angleterre.

On pourrait encore le rencontrer au Forum de Jules, lorsque, avec les Cent-Jours, l'échappé de l'île d'Elbe commençait une de ces révolutions prétoriennes que flétrit Tacite, et où Napoléon pour sauver sa cause fit appel au jacobinisme le plus ardent, aux passions démagogiques les plus effrenées, déchaînant la populace, en attendant Waterloo et une nouvelle et plus cruelle invasion des étrangers.

Nous n'en sommes pas là, Dieu soit loué ! A Cronstadt, à Villafranca, Napoléon III a prouvé qu'il était maître de lui. Prenons garde, cependant ; car ce sont les courtisans et les repus qui ont conduit son oncle à Sainte-Hélène.

Que M. Veuillot, qui combat si éloquemment, si vigoureusement, d'une manière si gauloise, M. Duruy, y réfléchisse encore : il finira par se rendre compte à quel péril la jeunesse française est exposée, si le régime des candidatures officielles l'emportait pendant seulement dix ans. Quant à nous, nous aimons mieux le drapeau que nous pouvons combattre, les armes à la main, à la face du soleil, que le drapeau qui flotterait sur une société duruyfiée, dans laquelle patiemment, habilement, nuitamment, on aurait introduit tous les genres de corruption. M. Veuillot ne s'est-il pas demandé en quoi M. Rochefort, condamné pour de détestables plaisanteries sur le Christ, sur cet épiscopat français, qui, à lui seul, rachète toutes les turpitudes du temps présent, était plus coupable que M. Renan écrivant un livre pour nier la « religion légalement établie » de trente trois millions de français. Le Corps législatif profitant des droits à lui conférés, soit par l'adresse, soit par la demande en interpellations, a-t-il protesté contre l'enseignement de M. Duruy, contre les trois cent pages d'impiétés tolérées chez M. Renan, et les dix lignes punies chez M. Rochefort ?

Nous disons, nous, qu'en présence de pareils faits, de pareilles tendances, d'un semblable programme, les électeurs n'ont, avant de voter, qu'à consulter leurs curés. Tous, leur montrant du doigt le Christ soulevant des bras de sa croix le monde croulant sous le poids de l'infamie et du césarisme païen, tous leur diront, avec leur courageux confrère du Var :

— « Si je donnais ma voix au candidat officiel, je ne pourrais plus me faire entendre de mes paroissiens ! »

III

La plus grande question de ce siècle, c'est la question romaine. Les droits les plus augustes, ce sont ceux du Vicaire de Jésus-Christ qui marche sur le flot des agitations de ce monde en les calmant, en les apaisant. La France vénère en Pie IX cette royauté du Christ qui est le palladium de sa foi, de sa gloire, de sa prépondérance, de sa civilisation, de ses progrès assurés dans les voies d'une sage liberté, de cette démocratie chrétienne née sur les bords du lac de Tibériade, et qui n'exclut ni l'autorité, ni la hiérarchie, mais seulement la bassesse et le servilisme.

C'est à cette démocratie, épouse du Christ, mère de l'Église primitive, que Jésus adressa ces paroles qui sont la charte politique du Christianisme : « Rendez à César ce qui est à César, et à Dieu ce qui est à Dieu. »

Ce qui veut dire qu'au nom de la justice et de la vérité éternelle, on doit aux rois les conseils et non la flatterie ; que le droit divin, c'est les rois faits pour les peuples et non les peuples faits pour les rois; que les raisons de l'institution de la souveraineté, que sa forme soit monarchique ou républicaine, sont fondées sur les besoins de la société ; qu'il est contre la sagesse et la bonté de Dieu que toute une nation se rapporte à l'avantage d'un seul ou d'un corps particulier; que Dieu n'a pas voulu qu'un peuple soit comme une multitude d'esclaves, qu'un seul puisse piller, rançonner ou conduire à la boucherie. Ceci répugne à l'ordre de la Providence, à la dignité de l'homme.

« La république n'est point à vous, disait Sénèque à Néron, c'est vous qui êtes à la répulique. » *Adverte rempublicam non esse tuam, sed te reipublicæ.*

« Dieu seul règne dans le ciel, disait Saint Grégoire de Nazianze aux empereurs ; et il vous a confié les royaumes de la terre, soyez donc comme des dieux à l'égard de vos sujets. »

L'Écriture-Sainte et Homère donnent aux rois le nom de pasteurs, parce que la souveraineté n'est qu'un dépôt pour le bonheur des peuples.

Ainsi donc la France, pour toutes ces raisons, est une fille dévouée et obéissante au St-Siége ; M. Louis Veuillot serait le dernier à me démentir, lui, le noble vaincu de la remontrance aux rois. Qu'il se rassure donc : plus la France sera libre, plus haut elle proclamera son amour et son dévouement à Pie IX, plus haut elle maudira les oppresseurs, plus haut elle flétrira les spoliations, plus haut elle jettera le cri d'alarme. Mais voudra-t-il, quand M. Jules Favre patronne les candidatures de M. de Larcy et de M. Dufaure, quand M. Berryer recommandait M. Grévy, quand enfin, cet infatigable pontife qui, à Nîmes, a dompté la maladie elle-même, en forçant la santé du corps à soutenir son courage, quand, disons-nous, Monseigneur Plantier n'a pas craint d'indiquer aux électeurs du Gard le chemin qui mène droit au triomphe par l'union et la concorde, M. Veuillot voudra-t-il rester seul dans son camp déjà renversé de fond en comble ? voudra-t-il qu'on lui applique ces paroles du Psalmiste : « Ils ont des yeux et ils ne verront pas, des oreilles et ils n'entendront pas ? »

Le danger ne serait pas encore très-grand, si, dans les divers centres d'action, l'*Univers* avait pour représentants des hommes supérieurs comme M. Louis Veuillot. Nous l'avons dit, le talent et l'intelligence ont des ressources infinies, même chez ceux qui, selon nous, se trompent. Mais les lieutenants de l'*Univers*, à défaut de principes politiques, n'ayant ni l'inspiration ni l'autorité de leur chef, il en résulte, comme à Nîmes, du trouble et du désordre dans les consciences des catholiques. Des prêtres brouillons et turbulents, au lieu de s'inspirer de leur illustre évêque, du jeune et courageux orateur, qui prononça l'oraison funèbre de Reboul, en voulant singer le maître, divisent les voix, ébranlent les croyances. Erreur d'autant plus grave, confusion d'autant plus regrettable, que dans le Gard, plus que partout ailleurs, l'union des électeurs indépendants est si nécessaire.

Un fait qui doit donner à penser à l'*Univers*, c'est que toujours les protestants marchent avec les candidats officiels. A Nîmes, il y a un tiers de protestants, un tiers de démocrates, un tiers de catholiques cléricaux et conservateurs. Si vous refusez de prêter votre concours au parti démocratique indépendant, vous abandonnez pieds et poings liés, à la discrétion des préfets, une noble, ardente et énergique majorité que vous avez, jusqu'à ce jour, rendue hésitante par vos doctrines impolitiques, impuissante par vos divisions.

Nous avons dit la vérité : l'histoire et les événements prononceront entre notre politique et celle de l'*Univers*.

IV

L'écueil contre lequel l'union libérale doit lutter, c'est cette organisation savante de la démocratie autoritaire.

Dans les villes, dans les grands centres, les faux démocrates sont presque toujours démasqués ; dans les campagnes, leur action délétère se fait sentir ; elle enraye le mouvement électoral, elle entrave l'indépendance de l'élection.

Rien n'est plus honteux, n'est plus avilissant pour le libéralisme moderne que cette association de tous les transfuges de l'opinion ; rien de plus menaçant pour les pouvoirs conservateurs qui s'en servent.

Ces mêmes hommes qui, dans les villages, dans les bourgades, se vautrent aux pieds des préfets et des sous-préfets, passant subitement du culte du bonnet phrygien à celui de l'écharpe, si on leur demandait leurs antécédents, on les trouverait, aux jours de désordre, au premier rang des ennemis du gouvernement. Demain ils briseraient ce qu'ils prétendent adorer aujourd'hui, pour recommencer le cercle de leurs apostasies.

N'avons-nous pas vu dans nos pays plusieurs de ces individualités, aussi perverses par leur ignorance que ridicules par leur sotte vanité, figurer, en 1848, dans les comités jacobins, jeter le trouble dans les communes, au détriment de la République, envoyés aux Assises par les vrais républicains qui ne voulaient pas être déshonorés par ces Robespierres au petit pied, puis tout à coup se proclamer plus impérialiste que l'Empereur, mendier à genoux une écharpe et s'asseoir dans une mairie, sur les ruines des libertés électorales, des intérêts de la commune.

Voilà le danger, mais danger beaucoup plus grand pour le gouvernement que pour l'union libérale ; car ils trompent le pouvoir, lui cachent l'état véritable des esprits, les aspirations réelles de la démocratie rurale.

Pendant un certain temps, on peut étouffer ainsi la voix des populations ; il est évident que MM. les Préfets et les Maires peuvent, par ce moyen, passer de la troisième à la première classe. Cela ne peut être éternel. La liberté électorale, telle qu'elle est écrite dans la Constitution, se réveille, son triomphe est certain. On s'apercevra trop tard que pour connaître l'opinion publique, il faut s'adresser au pays directement sans gendarmes ni policemens.

Pour nous, il n'y a rien de plus honteux que de voir des populations conduites à l'urne électorale sur la convocation d'un garde-champêtre. N'est-ce pas là une glèbe électorale? N'est-ce pas là une nouvelle féodalité, avec cette différence, qu'au lieu des obligations réciproques, on ne vous en demandera pas moins votre fils pour neuf ans, votre impôt qui augmente et des centimes additionnels? N'est-il pas fou ce cultivateur, ce paysan qui, sur l'invitation d'un maire, que souvent il méprise et il déteste, s'en va déposer dans l'urne un vote dont il ne s'est pas donné la peine de mesurer la portée? N'est-ce pas abdiquer la condition d'homme libre dans ce qu'elle a de plus sacré, de plus auguste, dans l'exercice du droit d'électeur, c'est-à-dire de la participation à l'action souveraine du suffrage universel?

On dit à un peuple: « Je suis l'élu du suffrage universel », et on envoie des sergents de ville pour inspecter son vote. C'est une contradiction virtuelle, c'est un état de choses qui, à un moment donné, sera la pierre de scandale et d'achoppement.

Si un gouvernement croit pouvoir gouverner sans le suffrage universel, sans un parlement, sans un contrôle, si on est assez fort pour agir ainsi, qu'on le fasse ; on aura la logique de la force. Mais si on veut ce qui est constitutionnel, des chambres, le suffrage universel, il en faut la pratique loyale, honnête, le pays ne peut plus s'en passer.

V

Revenons au programme de l'union libérale.

Trois grands principes régissent la société française : le principe catholique, le principe d'ordre, le principe des libertés publiques. Sur ce dernier terrain nous pouvons tous marcher d'accord, nous le devons si nous aimons notre pays comme il mérite d'être aimé, passionnément.

La première condition, c'est de marcher tous au scrutin. Ce qui veut dire que le temps de l'abstention est passé.

Nous avons déploré depuis longtemps ce système malheureux qui a paralysé l'action de tant de bons français, de tant de cœurs dévoués avec ardeur à la religion, à la patrie, à la liberté ; nous avons protesté contre cette non-intervention à l'intérieur, qu'encourageaient ceux-là mêmes qui réprouvaient la non-intervention à l'extérieur.

Nous le déclarons, nous avons toujours considéré cette doctrine comme dangereuse dans l'ordre politique et dans l'ordre social.

Dans l'ordre politique, elle empêche l'organisme de la vie constitutionnelle dans ses fonctions les plus importantes ; elle désapprend aux électeurs l'exercice de leurs droits, leur fait oublier leurs devoirs de citoyens et les pousse souvent même à les méconnaître.

Dans l'ordre social : d'une part, l'abstention jette sur le pavé des rues, sans emploi, sans carrière, des hommes intelligents qui auraient honoré et servi leur pays, soit dans l'armée, soit dans la magistrature ; d'autre part, elle délivre un *satisfecit* à la paresse et à l'incapacité.

En effet, des jeunes gens se sont présentés inutilement à toutes les écoles ; ils ont frappé en vain à la porte de St-Cyr, de l'école Polytechnique, de l'école de Droit, de l'école Centrale ; ils sont déclarés incapables de faire un officier, un ingénieur, un avocat, pas même un innocent bachelier : l'abstention leur délivre un brevet de capacité et d'intelligence. Ce sont les victimes du dévouement...., et ils se réservent pour leur cause !

Assurément, il y a parmi les candidats malheureux des jeunes gens d'avenir, il n'en est pas moins vrai que généralement la sentence prononcée par les jurys d'admission est une lettre de change tirée sur le mécontentement de la jeunesse.

Nous le disons à nos amis, à ceux qui comprennent le ridicule de la situation, mais qui la subissent : « Prenez garde ! « vous faites les affaires des autres, certainement vous ne fai- « tes pas celles du pays ! » Le triomphe électoral du 1er juin a fait de Marseille la première ville politique du monde.

Il n'y a plus en France un homme pratique qui soit partisan de l'abstention. Depuis l'évêque d'Orléans jusqu'à Émile de Girardin, depuis Berryer jusqu'à M. Guéroult, depuis le P. Félix jusqu'au protestant Nefftzer, depuis enfin Montalembert, Thiers, Guizot jusqu'à Jules Favre et Marie, il n'y a plus personne qui puisse soutenir victorieusement une thèse condamnée par la voix publique, par les amis du gouvernement comme par ses adversaires.

Nous ne voulons donner de leçon à personne. Publiciste, nous avons cru devoir dire nettement ce que nous avons toujours pensé. Après soixante et dix ans de révolutions qui ont bouleversé de fond en comble les anciennes institutions de la France, un seul privilége est demeuré debout, celui du travail et du talent ; il n'appartient à personne de se faire un trépied politique de son ineptie. »

VI

Et ici n'est-il pas opportun de demander au gouvernement s'il est habile d'expédier aux électeurs des chambellans, des écuyers en les recommandant à leurs suffrages?

Il y a quelques années, on envoyait aux populations d'un département du Midi, un chambellan qui demandait à ses électeurs pourquoi les mûriers n'avaient pas de feuilles au mois de juillet à l'époque des vers-à-soie? On a envoyé un habile écuyer, qui sait si on n'y enverrait pas un capitaine de levrettes, parce qu'il sait *faire le pied*. Et puis, si les femmes sont émancipées, on finira par présenter aux électeurs les dames d'atours. Il n'y a même aucune raison pour que la lingère en chef du Château ne se mette pas, ce jour-là, sur les rangs.

VII

L'union libérale sera le salut de la France actuelle, celui des générations futures. Ce sera le plus grand pas qui ait été fait, depuis un siècle, dans ces voies du patriotisme qui mènent les nations à la grandeur comme à la puissance, où Whigs et Torys se serrent la main pour constituer la patrie à cet état de force contre laquelle se brisent les hommes comme les événements.

Malheur à l'esprit étroit qui ne comprendra pas, que sur ce

sol sacré de la France, sol bouleversé, fouillé par les révolutions, c'est une sainte pensée que celle de vouloir confondre dans une union intime les aspirations des partis divergents, par la liberté de l'examen et du contrôle des choses publiques !

A Sparte, à Rome, à Londres, on a élevé des autels à la Concorde par le patriotisme et la liberté ; à Paris, en France, une certaine presse jappe contre les défenseurs des doctrines qui doivent sauver la France. Ces hommes-là, ils ne peuvent réprimer leur joie lorsque le martyrologe de la presse s'augmente d'une condamnation. N'ont-ils pas dénoncé l'épiscopat qui a fait l'empire, ne se sont-ils pas réjoui, lorsqu'un garde des sceaux requérait contre les évêques toutes les rigueurs des lois exceptionnelles : la prison, l'exil, la déportation ? C'est la camisole de force pour la liberté de penser, de parler et d'écrire, que réclament ces spadassins ; ils s'imaginent que le courage physique peut masquer la lâcheté morale ; la dénonciation, remplacer la conscience mise par eux, en dépôt préalable, à la préfecture de police. Ils ont sifflé Lamoricière à Castelfidardo ; qu'auraient-ils dit à Mentana ? Ils ont sifflé l'Autriche à la veille de Sadowa. Au XVe siècle, ils auraient conspué Jeanne d'Arc et battu des mains pour Isabeau de Bavière. Qu'il y ait des hommes de cœur et de conviction dans cette presse, nous le croyons. A ceux-là, qu'on nous permette alors de leur dire avec M. Léopold de Gaillard : « Si le gouvernement a besoin d'être défendu, c'est contre la foule de ses courtisans. »

VIII

Ce qu'il y a de plus singulier dans là conduite de ces écrivains, c'est qu'ils se plaignent toujours de la passion de leurs adversaires, de leur haine ; eux, les insulteurs quotidiens de nos principes, de nos croyances, de la gloire et du passé de la France.

La France, pour eux, date du dix-huit brumaire. Pendant mille ans nos pères ont été en enfance. Ce merveilleux pays de France, qui, avant 1789, a donné au monde quatre-cent-dix souverains dont cent quatorze rois et sept empereurs ; cette royauté de France qui, avant de réunir la Corse à la couronne, avait fait le pays tellement grand, tellement riche, tellement illustre par sa foi, sa civilisation, ses droits, ses institutions, ses franchises, ses grands capitaines, ses grands hommes, qu'une orgie de quinze ans n'a pu détruire leur œuvre ; cette France, disent-ils, date de 1789. A coup sûr, le compliment n'est pas des plus flatteurs pour l'Empire qui, sur ces soixante-dix ans, n'aurait à réclamer pour sa part que trente ans ; mais cette joyeuse plaisanterie qui fait le pendant de celle des Bourbons ramenant les étrangers de Moscou et de Leipsik, n'a plus cours qu'à l'Hôtel impérial des Invalides.

Les grognards de la Bérésina et de Waterloo peuvent deviser à leur aise, au pied de ce dôme élevé par Louis XIV aux soldats de Lens, de Nordlinguen, de Senef, de Turkein, dans lequel Louis-Philippe a fait placer la grande victime des Anglais et de l'ambition humaine. Personne ne les contredira s'ils se proclament supérieurs aux soldats de cette épopée sans rivale, où la France, victorieuse sur terre et sur mer dans cinquante combats, abaissait les Pyrénées pour laisser passer le fils de ses rois, s'agrandissait des Flandres, de Strasbourg, de l'Alsace, donnait le jour à Bossuet et à Fénélon, à Racine et à Corneille, à Boileau et à Molière, à Condé et à Turenne, à Duquesne et à Tourville, créait ses ports, ses routes, ses fortifications, bâtissait Versailles et le Louvre, et malgré les revers inhérents à toutes les grandeurs de ce monde, arrêtait l'étranger à Denain, le battait de par ses capitaines et l'héroïsme de son roi, et clôturait par la victoire cet âge éblouissant qui fait pâlir ceux de Périclès, d'Auguste, de Léon X.

Cette France-là, héritière de Clovis, de Charlemagne, de Saint Louis, de Charles V, de François Ier et de Henri IV, domine la colonne Vendôme; elle est trop grande pour passer sous vos maçonneries triomphales de l'Étoile.

S'il suffisait de se promener de Cadix à Moscou, du Thabor à Anvers, en jonchant le monde de cadavres, pour créer un empire, Attila et Tamerlan vivraient dans l'histoire côte à côte avec Alexandre, César, Mahomet, Charlemagne, Louis XIV et Frédéric. L'homme n'est grand à l'image de Dieu, que lorsqu'il se fait créateur, c'est-à-dire avec peu il fait quelque chose; et lorsque des cent vingt départements de 1812, on ne laisse qu'une colonne de bronze, un pays dépeuplé, ruiné et privé des frontières que l'on a trouvées, on est assurément un grand capitaine, un heureux soldat; mais l'histoire ne vous sacrera ni un grand roi, ni un grand politique.

IX

Que si on venait nous dire que nous transigeons avec nos opinions religieuses, nous demanderions quels sont ceux, depuis dix ans, qui ont combattu plus souvent, plus énergiquement le bon combat.

Que si on nous opposait plusieurs de nos écrits où nous avons défendu le principe d'autorité, nous répondrons que nous n'avons jamais cessé d'être le partisan du libéralisme chrétien. Ce libéralisme-là est au libéralisme des doctrinaires et de la révolution, ce que la démocratie est à la démagogie. Il procède à la fois de la fidélité à Dieu et à la conscience, de la charité et du patriotisme ; il affirme le règne de la justice dans la société moderne et le véritable progrès.

Que si on nous accusait de contradiction en provoquant l'opposition systématique après avoir quelquefois donné raison au gouvernement, nous répondrions :

Oui, quand vous, qui flattez César, vous n'aviez pas le courage de vos opinions, nous, nous défendions les nôtres même contre nos amis ; et quand l'Empereur était là hésitant entre une opposition qui pactisait avec les États-Unis et Juarez, et une majorité qui le soutenait machinalement sans avoir conscience de ses actes, nous, nous entraînions l'*Union*, la *Gazette du Midi*, et tant d'autres journaux à défendre l'empereur Maximilien, à reconnaître le Sud, et à ne pas abandonner l'élu de notre politique. Nous mettions dans la bouche de nos amis ces paroles catholiques, françaises et sensées :

— « En votant des subsides pour l'occupation française au

« Mexique, nous votons pour le maintien de nos troupes à Ro-
« me. En effet, nous ne pouvons admettre que Votre Majesté,
« qui protége les intérêts catholiques et monarchiques au-delà
« des mers, puisse jamais livrer aux Juaristes de la révolution,
« Rome, centre de l'unité catholique, centre de l'autorité mo-
« narchique, centre de la civilisation, capitale enfin du monar-
« que le plus auguste qui soit en ce monde, parce que c'est
« Pie IX, parce que c'est un prêtre, parce que c'est un vieil-
« lard, parce qu'il est le plus faible, parce que son trône,
« sorti des catacombes, n'est pas cimenté seulement par le
« sang des Martyrs et des Confesseurs, mais aussi par celui
« des compagnons d'armes de Pépin et de Charlemagne, des
« soldats d'Oudinot et de Lamoricière, parce qu'enfin Dieu
« a voulu que la houlette du souverain pasteur fût protégée
« par la plus redoutable épée qui fût jamais, par celle de la
« France. »

Quant à nous, nous aurions ajouté : « Laissez vos troupes au
« Mexique ; pas de demi-mesure dont personne ne vous saurait
« gré. Établissez solidement le nouvel empereur ; l'histoire
« prononcera entre vous et ceux qui vous conseillent de ren-
« dre notre gloire stérile. »

L'histoire a prononcé.

Un jour, pendant que tous les rois de l'Europe se divertis-
saient à Paris ; pendant que les festins, les spectacles, les re-
vues se succédaient ; pendant que la fête allait grandissant et
que les convives couronnés se passaient la coupe et buvaient à
leurs santés réciproques, un cri terrible se fit entendre : c'était
le *Mane, Tecel, Pharès*, poussé par le Nouveau-Monde à l'An-
cien. L'indien Juarez lançait à l'Europe la tête de Maximilien :
elle venait rouler aux pieds de ces souverains qui s'imaginent
que la solidarité du droit et de leurs couronnes réside dans la
solidarité des banquets judaïques et des embrassements men-
teurs.

Et cette responsabilité sanglante, est-ce nous où M. Rouher, est-ce notre minorité de patriotes, ou la majorité qui en porteront le lourd fardeau aux yeux de la postérité ?

Oui, nous l'avons dit : « Tout parti qui se sert de l'opposition systématique, périra par l'opposition systématique. » Mais toute majorité qui se servira de l'adulation systématique, périra, elle et ceux qu'elle aveugle, par l'adulation systématique.

X

Notre opposition est d'autant moins systématique que l'union libérale n'exclut personne de ceux qui veulent l'indépendance du vote.

Venez donc à nous, amis du gouvernement, chambellans, écuyers, pages, fourriers, titulaires ou honoraires, déclarez-nous que vous ne voulez à aucun prix de l'appui des préfets, sous-préfets, gardes-champêtres ou gardes-chiourmes ; engagez-vous formellement à dire la vérité à l'Empereur, non-seulement quand vous lui tenez l'étrier ou que vous ouvrez sa portière, mais à la tribune, à l'oreille de trente-six millions de gaulois ; jurez que vous voterez contre l'accroissement des cinq milliards de la dette publique, des charges militaires augmentées de trois ans ; promettez-nous que lorsque MM. Pouyer-Quertier et Brame parieront cent mille francs que M. Rouher s'est trompé dans ses chiffres, vous ne priverez pas l'Impératrice d'une charité de plus à ajouter à celles qu'elle fait si noblement, et le pays, de la vérité ; de même, quand M. de Kératry offrira au même M. Rouher de lui fournir des documents d'un haut intérêt sur le Mexique, engagez-vous à exiger, comme membres d'une assemblée souveraine, que la lumière ne soit pas enfouie sous le boisseau et qu'elle éclaire enfin les derniers jours du martyr de Queretaro, que Shakespeare n'a pu pleurer, mais qui, à mesure que les années passeront, se dressera de plus en plus grand, fantôme menaçant comme le remords.

Faites cela, nous voterons de suite pour vous, et nous, qui avons aussi des documents très-précieux sur le Mexique, nous attendrons ces jours de liesse et d'ébahissement, pour vous demander la permission de les publier.

Surtout, n'oubliez pas de réprouver les utopies, les aventures. Et puis, sans qu'on puisse vous accuser d'être trop curieux, veuillez demander, nous vous en prions, pourquoi on élèverait une statue à Voltaire, qui félicitait Frédéric d'avoir vu le *dos* des Français quand ni en France, ni en Corse, le marquis de Marbeuf (1) n'a un médaillon.

XI

A bout d'arguments pour nous convaincre de mauvaise foi, on nous accuse de n'être pas dynastiques : rien que cela!

Et d'abord, qui est-ce qui a permis à quelqu'un de s'ingérer dans nos affaires de conscience, de vouloir lire au fond de notre cœur? Qui est-ce qui vous a dit que nous, qui sommes disposés au prêt du serment, nous n'étions pas dynastiques, et que,

(1) Le marquis de Marbeuf, lieutenant-général, pacificateur et gouverneur de Corse, grand-oncle de l'auteur de cette brochure, combla de bienfaits la famille Bonaparte ; il obtint pour elle une pension sur les gabelles, fit envoyer Napoléon à l'École de Brienne et ne cessa de protéger le futur Empereur et sa famille. (*Note de l'Éditeur.*)

comme le marquis de Boissy, dont la voix, à travers la tombe, vous crie de vous méfier des flatteurs, nous aussi nous ne nous réveillons pas en sursaut au milieu de la nuit, pour songer à l'empereur, à l'impératrice, au prince impérial?

Sommes-nous moins dynastiques et plus exigeants que M. de Persigny, quand nous voulons avec lui: « que les abus dans la société ou dans le gouvernement soient mis au jour, que les actes de l'administration soient discutés, que les injustices soient revelées (1)? »

Sommes-nous moins dynastiques que le duc de Morny, le seul homme politique du second empire, celui qui a emporté avec lui le secret de cette politesse administrative dont MM. de Kératry et de Villemessant regrettaient la perte douloureuse chez MM. les ministres de la parole, quand nous demandons, avec cette noble et brillante intelligence, cette décentralisation, qui est un pas « vers une plus grande somme de libertés civiles, dont, dit-il, je n'ai jamais cessé d'être le partisan? (2) »

Sommes-nous moins dynastiques que le prince Napoléon, lorsqu'il s'écrie:

— « Ce que nous devons craindre, c'est l'absorption des forces individuelles par la puissance collective, c'est la substitution du gouvernement au citoyen pour tous les actes de la vie sociale? (3) »

Nous pourrions citer l'Empereur; mais notre réserve à ce sujet est la preuve de notre loyauté.

Nous payons l'impôt du numéraire; nous paierons l'impôt du sang si quelque guerre insensée nous ramenait les étrangers à nos frontières; nous ne voulons ni troubles, ni révolutions; nous ne fomentons ni l'émeute, ni l'anarchie; nous

(1) Circulaire du 8 décembre 1860.
(2) Discours de M. de Morny au Puy. 1848.
(3) Discours du prince Napoléon à Limoges. 1848.

ne briguons ni vos faveurs, ni vos bienfaits ; quand nous vous rencontrons, nous saluons en vous Celui qui maintient l'ordre et la sécurité dans le pays, le signataire de Zurich, le protecteur obligé du pape. Aussi, lorsque, la Constitution à la main, nous vous demandons le couronnement de l'édifice, nous ne faisons que remplir un devoir. A des hommes comme nous, ce sont des bénédictions que vous devez ; car les trônes s'asseoient sur la justice, les dynasties sur la vérité, et ce ne seront pas les varlets ou les satrapes qui vous la diront.

Nous avons fini. L'union libérale se résume en trois noms illustres :

BERRYER, THIERS, JULES FAVRE,

candidats que nous porterons aux prochaines élections, dans quarante circonscriptions, avec les Falloux, les Larcy, les Montalembert, les Léopold de Gaillard, les Keller, les Barthélemy, les Pouyer-Quertier, les Marie, les Picard, les Pelletan, et autres vaillants de l'opposition libérale.

A ceux qui hésitent, Berryer leur crie de cette voix qui résonne en France aussi haut que la fidélité, le bon sens et le patriotisme :

— « Que ceux qui ont peur se mettent derrière moi ! »
Et la liberté chrétienne aura sa victoire d'Aignadel !

Château-Renard, le 29 septembre 1868.

Avignon, Typ. de Fr. SEGUIN aîné.